Konzept-Kunst !?

Mir O. Anjeleau

Konzept-Kunst !?

Dieses Buch widme ich:
    Prof. Peter Weinberg (Universität Hamburg, Fb. 19)

Bei seinen Lehrveranstaltungen hat er mir als Student verständlich gemacht, dass Fortschritte nur möglich sind, wenn man gewonnene Erkenntnisse immer wieder prüfend in Frage stellt.

Bibliografische Information der Deutschen Nationalbibliothek:
Die Deutsche Nationalbibliothek verzeichnet diese Publikation in der Deutschen
Nationalbibliografie; detaillierte bibliografische Daten sind im Internet
über http://dnb.d-nb.de abrufbar

© 2011

Herstellung und Verlag: Books on Demand GmbH, Norderstedt

ISBN: 9783842375123

INHALTSANGABE

Vorwort ....Seite 7

Mein Werk ...:

..."STILLSTAND !?" ....Seite 9
..."GEGENSÄTZE !?" .... Seite 11
..."IDENTITÄT !?" .... Seite 13
..."LABYRINTH OHNE AUSWEG !?" .... Seite 15
..."DEFINITION !?" .... Seite 17
..."SOZIALER GLOBUS !?" .... Seite 19
..."WELLE / TEILCHEN !?" .... Seite 21
..."BLICKPUNKTE !?" .... Seite 23

Meine Gedanken zu ...:

..."STILLSTAND !?" .... Seite 25
..."GEGENSÄTZE !?" .... Seite 35
..."IDENTITÄT !?" .... Seite 37
..."LABYRINTH OHNE AUSWEG !?" .... Seite 43
..."DEFINITION !?" .... Seite 45
..."SOZIALER GLOBUS !?" .... Seite 47
..."WELLE / TEILCHEN !?" .... Seite 49
..."BLICKPUNKTE !?" .... Seite 51

Vorwort

Über KONZEPTKUNST allgemein und speziell kann man viel schreiben. Ich möchte aber nur ein paar einleitende Informationen zu der Form von Konzeptkunst in Worte fassen, die meine Kunstwerke betrifft.

Ein Komponist schreibt Musikstücke, beispielsweise für ein Orchester. Diese Musikstücke werden dann gegebenenfalls von mehreren Musikern gemeinsam gespielt und dadurch wird die Komposition erst zu einem realisierten musikalischen Kunstwerk.
Der Komponist ist zweifellos ein Künstler, obwohl er nicht selbst die Musikstücke spielt, sondern nur die Idee dazu hatte.

Bei der von mir praktizierten Form von KONZEPTKUNST ist es ähnlich. Ich entwerfe die jeweilige Idee zu Kunstwerken, ohne sie selbst zu realisieren. Es ist auch gar nicht das eigentliche Ziel, die Idee materiell wahr werden zu lassen.
Wenn man sich mit meinen Werken beschäftigt, kann man sich individuell unterschiedliche Vorstellungen darüber machen, wie das jeweilige Kunstwerk sein könnte, wenn man es realisieren würde.
Das heißt aber nicht, dass ich strikt gegen eine reale Umsetzung meiner Werke bin. Falls ich diesbezüglich geeignete Vorschläge bekäme, wäre ich selbstverständlich zu Verhandlungen über eine Lizenzvergabe bereit.

Bei Kunstwerken anderer Künstler erfährt man leider so gut wie nie, welche Inspiration zum jeweiligen Kunstwerk geführt

hat bzw. was sich der Künstler dabei gedacht hat. Das finde ich sehr schade.
Deshalb habe ich unter der Rubrik :"Meine Gedanken zu ..." aufgeschrieben, welche philosophischen Gedanken bzw. Überlegungen mich zum jeweiligen KONZEPTKUNSTWERK inspiriert haben.

So kann man sich entweder ausschließlich meinen Werken zuwenden und erfahren, was das jeweilige Werk individuell bewirkt. Oder man kann, bei Interesse, später noch nachlesen was mich als Künstler inspirierte.

Sol Le Witt, einer der Begründer der Konzeptkunst, soll einmal gesagt haben, dass das Konzept in den Werken durchscheinen soll. Deshalb möchte ich es den Lesern dieses Buches überlassen, das Konzept, das die Ideen verbindet, selbst zu entdecken.

Mein Werk "STILLSTAND !?"

Das Basis-Element von "STILLSTAND !?" ist eine einfache Sonnenuhr. Hierfür werden vom Mittelpunkt einer Grundlinie aus, im Abstand von jeweils 15 Grad, elf Linien auf dem Untergrund angelegt (z.B. linienförmige Anordnungen von flachen Steinen oder Fliesen).
Jede der elf Linien ist dabei genauso lang wie die Hälfte der Grundlinien-Länge. Genau in der Mitte der Grundlinie wird ein Balken verankert, der senkrecht gen Himmel zeigt.
Um den Schatten, den der Balken auf den Boden wirft, besser sehen zu können, sollte der Untergrund der Sonnenuhr von heller Farbe sein. Die Linien der Sonnenuhr sollten ebenfalls hellfarbig sein, sich aber trotzdem eindeutig vom übrigen hellen Untergrund unterscheiden lassen.

Vom Mittelpunkt der Grundlinie aus sollte die im 90-Grad-Winkel liegende Linie der Sonnenuhr genau nach Süden zeigen. Der Standort der Sonnenuhr sollte selbstverständlich so gewählt werden, dass der Sonnenschein durchgehend einen Schatten des Balkens erzeugen kann.
Am freien Ende jeder Linie der Sonnenuhr (Grundlinie hat zwei freie Enden) werden unterschiedlich große, stabile Kunstglaskästen derart in den Untergrund eingelassen, dass eine ebene Fläche erhalten bleibt.
Für den jeweiligen Betrachter ist der Inhalt der dreizehn Glaskästen gut zu sehen.

In jedem Kasten befindet sich eine der folgenden Uhren:

- Armbanduhr (Batterieantrieb)
- Armbanduhr (Handaufzug)
- Armbanduhr (Digital)
- Armbanduhr (Automatik)
- Sanduhr
- Klassische Wanduhr
- Standuhr (für Kaminsims)
- Kuckucksuhr
- Klassischer Wecker
- Digitalradiowecker
- Eieruhr
- Stoppuhr
- Taschenuhr

Alle Uhren in den Glaskästen funktionieren nicht, weil sie entweder keine Stromquelle besitzen oder nicht mit Bewegungsenergie versorgt werden.
Nur die Sonnenuhr wirft bei Sonnenschein kontinuierlich ihren wandernden Schatten.

Mein Werk "GEGENSÄTZE !?"

Auf eine stabile durchsichtige Folie wird eine gleichmäßig verlaufende Welle eingezeichnet, die aus mehreren Wellentälern und Wellengipfeln besteht. Der Abstand von den Wellengipfeln zu den jeweiligen Wellentälern sollte eine deutliche Höhendifferenz erkennen lassen.
Oben auf der Welle wird eine durchgängige gerade Linie eingezeichnet, die alle Wellengipfel miteinander verbindet.
Unten auf Höhe der Wellentälerbasis wird ebenfalls eine durchgängige gerade Linie eingezeichnet und diese verbindet somit die tiefsten Punkte der Wellentäler miteinander.
Befestigt wird die Folie, ähnlich wie ein Rollo, an einer auf- und abrollbaren durchsichtigen Kunststoffrolle, die genauso breit ist wie die Folie. An beiden Enden der Kunststoffrolle befindet sich jeweils ein kreisförmiger Kunststoffring, in dessen Mitte ein kurzer abgerundeter Metallstab eingefasst ist, der nach außen zeigt. Beide Metallstäbe liegen so in einer Halterung, dass die Kunststoffrolle waagerecht zur Zimmerdecke hängt, an welcher besagte Halterung verankert ist.
Die Folie wird waagerecht, unten an der durchsichtigen Kunststoffrolle befestigt und zwar auf Höhe der Wellengipfellinie. Der Durchmesser der Rolle ist so zu wählen, dass nach einer vollen Umdrehung dieser Rolle, die Wellengipfellinie präzise von der Linie überlagert wird, welche die Basis der Wellentäler miteinander verbindet.
Auf diese Weise entsteht eine Linie, die sowohl die Wellengipfel, wie auch die Wellentälerbasen miteinander verbindet. Die zunächst weit entfernt von einander liegenden Gegensätze liegen somit nun auf einer gemeinsamen Linie direkt neben-

einander.

Die volle Umdrehung (Aufrollen) der Rolle, wie auch das spätere Abrollen in die Ausgangsposition erfolgt elektrisch, computergesteuert.
Ausgelöst wird dieser Vorgang über einen Startschalter an der angrenzenden Wand.

Mein Werk "IDENTITÄT !?"

Bei "IDENTITÄT !?" handelt es sich um einen Tisch mit Metallbeinen und einer Tischplatte aus weißem Kunststoff.
In der Tischplatte befinden sich eingearbeitete, proportional annähernd gleichgroße Vertiefungen.
Die Vertiefungen werden mit einheitlich gefärbtem Wasser gefüllt und machen dadurch die mathematische Gleichung
$4 + 4 = 8$ sichtbar.
Als Schutz vor Verdunstung wird eine Glasplatte auf der Tischplatte befestigt.
Diejenige Vertiefung, die die links liegende Zahl 4 formt, hat an der Unterseite eine kleine Öffnung, durch welche gefärbtes Wasser tropfenweise hinaus sickert. Es fließt in ein schmales Glas-Röhrensystem unter dem Tisch. Dieses Röhrensystem verläuft bogenförmig auf den Tisch und mündet über ein kleines Loch in der Glasplatte zurück in diejenige Vertiefung, aus der das gefärbte Wasser heraus sickert.
Das gefärbte Wasser wird innerhalb des Röhrensystems über eine Pumpe wieder zur besagten Vertiefung zurück befördert. Die Pumpleistung wird dabei so dosiert, dass das gefärbte Wasser genauso langsam in die Vertiefung zurück tropft, wie es unten hinaus sickert.

Mein Werk "LABYRINTH OHNE AUSWEG !?"

"LABYRINTH OHNE AUSWEG !?" hat in zentraler Position ein quadratisches Labyrinth, durch dessen Gänge ein durchschnittlich großer Mensch problemlos spazieren könnte.
Der Untergrund und die Mauern dieses Irrgartens bestehen aus Stahlbeton. In den Außenmauern befindet sich keine als Aus- bzw. Eingang nutzbare Öffnung.
Das Labyrinth wird umrandet von einem viereckigen Metallgestell von mindestens zwei Metern Höhe.
Vorne, hinten, rechts und links wird am Metallgestell ein blickdichter Stoff als Sichtschutz angebracht. Der Stoff ist derart mit Seilen am Metallgestell befestigt, dass er mittels eines Elektromotors langsam zu Boden gelassen und danach wieder hochgezogen werden kann (Start per Bewegungsmelder, ca. eine Minute verzögert nach Betreten des Kunstwerkareals).
Auf dem Metallgestell wird ein weiteres Metallgestell befestigt, das wie ein offenes Dach geformt ist. Von diesem Dachgestell aus hängen, direkt über dem Labyrinth, mehrere stabile Metallseile herunter, an welchen ein großer Spiegel hängt.
          Der Spiegel wird derart platziert, dass man in ihm als Betrachter von außen, lediglich das Spiegelbild des innen beleuchteten Labyrinths sieht, aber nicht die umrandende Sichtschutz-Konstruktion.
Die Beleuchtung wird so gestaltet, dass für den Betrachter, der von außen zum Spiegel hinaufschaut, der Eindruck entsteht, die Mauern des Labyrinths seien dermaßen hoch, dass ein Mensch innerhalb dieses Irrgartens gefangen wäre, wie in einem Verließ aus hohen Betonmauern. Erst wenn der Sichtschutzvorhang langsam zu Boden gelassen wird, erkennt der

jeweilige Betrachter die geringe Höhe der Labyrinthmauern. Deren Höhe sollte so sein, dass ein durchschnittlich großer Mensch problemlos über sie hinweg steigen könnte.

Mein Werk "DEFINITION !?"

"DEFINITION !?" besteht aus vier künstlich hergestellten Felsen, die um einen breiteren Betonsockel herum angeordnet sind.
Betonsockel und Felsen ragen deutlich sichtbar aus dem Wasser eines fließenden Flusses heraus und stehen auf einem soliden Fundament, welches nicht aus dem Wasser herausragt.Die Felsen samt Betonsockel sind mit einer Schicht aus feinen Kristallen beschichtet, so dass abhängig vom Winkel und der Intensität des Sonnenlichts unterschiedliche Farbeindrücke entstehen.
Zudem beeinflußen der Blickwinkel des jeweiligen Betrachters ebenso wie der Grad des Kontaktes mit Wasser die Reflexion der Lichtstrahlen und somit auch die entstehenden, diversen Farbeindrücke.
Jeweils einer der vier Felsen liegt westlich, östlich, nördlich und südlich des Betonsockels.
Der Abstand zum Betonsockel ist so gestaltet, dass ein Durchschnittsmensch problemlos vom jeweiligen Felsen zum Sockel springen könnte.

Mein Werk "SOZIALER GLOBUS !?"

"SOZIALER GLOBUS !?" ist ein kugelförmiger Eisschrank. Die hintere Hälfte beinhaltet die notwendige Kältetechnik und ist mit Hilfe einer blickdichten, weißgefärbten Kunststoffkonstruktion verkleidet.
Die vordere Hälfte ist beleuchtet und mit einer durchsichtigen, halbkugelförmigen Kunstglasverkleidung verschlossen. Diese vordere Hälfte wird mittels einer durchgängigen Kunstglasplatte in eine obere und untere Hälfte unterteilt. Nur eine kleine Öffnung in dieser Kunstglasplatte verbindet die obere mit der unteren Hälfte.
  In der oberen Hälfte befinden sich links ein kleiner Eiswürfel sowie ein doppelt so großer. Auf der rechten Seite der oberen Hälfte befindet sich ausschließlich ein sehr großer Eiswürfel. Die aus gefrorenem, gefärbtem Wasser geformten Buchstaben A,B und C thronen als Markierung auf jeweils einem der Eiswürfel. A markiert den sehr großen Eiswürfel, B den mittleren und C den kleinsten.
   Auf einem kleinen Schild unterhalb des kugelförmgen Eisschranks steht folgendes geschrieben:

A = Sauberes Trinkwasser (Reiche Staaten)

B = Wasser mit Pestiziden und chemischen Färbemitteln verschmutzt (3.Welt)
C = Wasser, verschmutzt mit Krankheitskeimen etc.(Slums und ähnliche Siedlungen)

In der unteren Hälfte des kugelförmigen Eisschranks befindet

sich ein quadratischer, leerer Hohlraum, der durch die kleine Öffnung in der Kunstglasplatte mit der oberen Hälfte in Verbindung steht.
Falls die Eiswürfel schmelzen sollten, wäre der Hohlraum in der unteren Hälfte groß genug, damit sich das gesamte Schmelzwasser der drei Eiswürfel darin sammeln und miteinander vermischen könnte.

Der kugelförmige Eisschrank besitzt eine Halterung an der Unterseite, auf welcher er sich drehen kann. Durch diese Halterung verlaufen Stromkabel etc..

Ähnlich wie ein sich drehender Ventilator dreht sich auch der kugelförmige Eisschrank langsam von links nach rechts und wieder zurück.

Mein Werk "WELLE / TEILCHEN !?"

Der Aufbau befindet sich in einem rechteckig, länglichen Holzkasten, der mit seiner Rückseite an einer Wand befestigt ist. Von der Vorderseite des Holzkastens aus hat man freie Sicht auf seinen Inhalt.
Im Holzkasten wird vor einem hellblauen Hintergrund eine stabile Spirale aus dunklem Metall gleichmäßig weit auseinander gezogen. Dabei werden die Enden der Metallspirale jeweils in der linken und rechten Wand des Holzkastens auf eine Weise verankert, dass die Metall-Enden der Spirale cirka fingernagelbreit aus der jeweiligen Holzwand nach außen hervorschauen.
Diese Konstruktion befindet sich in einem gemauerten Schuppen. Um den innen befindlichen Holzkasten samt Metallspirale sehen zu können, muss der jeweilige Betrachter durch eine der drei Blicköffnungen schauen, die sich in den Wänden des Schuppens befinden. Der Zugang zu den Blicköffnungen ist so zu wählen, dass jeder Betrachter zuerst durch Blicköffnung Alpha schaut. Der Abstand und Winkel von Blicköffnung Alpha zum Holzkasten im Inneren sowie die Beleuchtung werden derart eingerichtet, dass man beim Blick durch die Öffnung Alpha den Eindruck gewinnt, im Holzkasten die zweidimensionale Abbildung einer Welle zu sehen.
Blickt man anschließend nacheinander durch die anderen beiden Öffnungen, dann erkennt man die Täuschung.
Man sieht die dreidimensionale Spiralform und die beiden aus der Kastenwand ragenden Metallspirale-Enden.

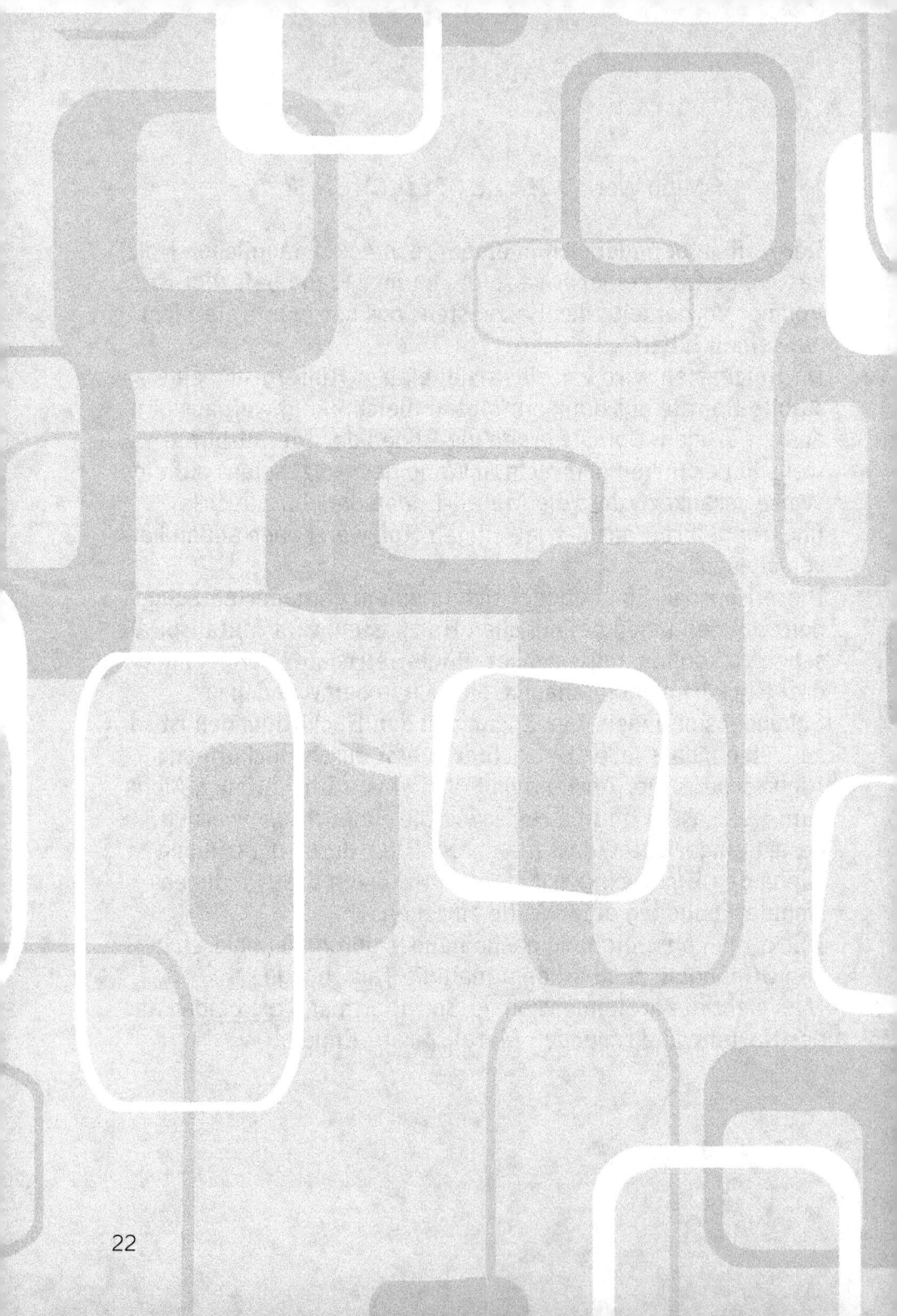

Mein Werk "BLICKPUNKTE !?"

Als Grundlage für "BLICKPUNKTE !?" dient ein quadratischer Bilderrahmen, der auch seitlich geschlossen ist. Er besteht aus hellem Leichtmetall und Kunstglas.
Statt eines Bildes befindet sich soviel dunkel gefärbter Sand in dem Bilderrahmen, dass cirka ein Viertel der quadratischen Fläche davon abgedeckt wird.
In den vier Ecken werden auf das Kunstglas kreisrunde Aufkleber, mit vier unterschiedlichen Größen geklebt. Daraufhin wird eine Farb- bzw. Lackschicht, in der Metallfarbe des Bilderrahmens, auf das Glas aufgetragen. Die kreisrunden Aufkleber werden anschließend wieder entfernt, so dass nur an diesen vier punktuellen Stellen das Glas frei liegt.
Zu guter Letzt wird der fertig präparierte Bilderrahmen mit seiner Rückseite so an einer senkrecht stehenden Wand montiert, dass er über eine elektrisch betriebene Mechanik im Uhrzeigersinn (bzw. entgegengesetzt) gedreht werden kann.
Über einen grünen Startschalter an der Wand wird der Mechanismus gestartet (einige langsame Drehungen rechts herum, dann einige entgegengesetzt herum). Nach wenigen Minuten schaltet sich der Mechanismus wieder selbst aus (Energieeinsparung).
Je nachdem welche Ecke des quadratischen Bilderrahmens sich gerade unten befindet, wird durch den herunter rieselnden dunklen Sand ein unterschiedlich großer dunkler Kreis (Punkt) sichtbar.

Meine Gedanken zu "STILLSTAND !?"

In der Antike lebte der Gelehrte Zenon. Er wollte beweisen, dass Bewegung nicht existiert und stellte zu diesem Zweck beispielhafte Thesen auf. Diese Thesen erscheinen paradox, weil sie einerseits schlüssig klingen und andererseits durch das tatsächliche Leben widerlegt werden.
In einer These behauptete Zenon, einPfeil könne nicht gleichzeitig einen Raum einnehmen und durch ihn hindurch fliegen. Zenon ging dabei davon aus, dass der Pfeil, wenn er einen Raum einnimmt, in diesem ruht. So betrachtet erscheint die These stimmig, denn wie soll ein Objekt gleichzeitig ruhen und sich bewegen?

Ganz anders sieht es aus, wenn man fragt, ob RUHEN tatsächlich identisch mit STILLSTAND ist und ob der Raum, den ein Objekt ausfüllt, unbewegt ist?
Betrachtet man zum Beispiel einen meditierenden Mönch, der auf einem Felsen sitzt, dann kann man den Eindruck gewinnen, dass er mit seinem Körper einen starren Raum ausfüllt. Dieser Eindruck entsteht, weil der Mönch ruht und sich nicht fortbewegt.
Der Mönch befindet sich aber auf dem Planeten Erde, welche sich sowohl um sich selbst bewegt, wie auch in Relation zu den anderen Planeten.
Somit gibt es keinen starren Raum, in welchem der Mönch verharren könnte. Dieses Beispiel verdeutlicht auf einfache Weise, dass jedes Objekt auf der Erde von ihr mitbewegt wird.

Selbst scheinbar eindeutige Stillstand-Sachverhalte entpuppen sich bei genauerer Betrachtung als Irrtum. Hierfür soll als Beispiel der Sachverhalt des Herzstillstandes dienen. Ein lebendiges Herz unterliegt dreierlei Bewegungsqualitäten:

1) Es bewegt sich.
2) Es wird mitbewegt (u.A. von unserem Planeten)
3) Es verändert seine Struktur und Form
   (Umbau und Abbau der Zellen)

Wenn man von einem Herzstillstand spricht, meint man, dass das Herz seine Funktion nicht erfüllt, oder anders ausgedrückt, es bewegt SICH nicht mehr (Punkt 1).
Den Punkten 2 und 3 unterliegt das Herz aber weiterhin. Es wird mitbewegt und es kommt zu einer Struktur- und Formveränderung (Zellabbau).

Alles uns Bekannte befindet sich so gesehen in Bewegung. Was beschreibt dann aber der Begriff RUHEN?
Im Vergleich zu dem, was man allgemein als BEWEGUNG betrachtet, ist RUHEN genau genommen eine Bewegungsqualität geringerer Intensität. RUHEN ist dementsprechend nicht identisch mit STILLSTAND.
    Deshalb schließen sich BEWEGEN und RUHEN auch nicht voneinander aus.
Unsere heutige Vorstellung von KRAFT und BEWEGUNG besagt: Um eine Bewegung zu erzeugen, muss eine Kraft einwirken. Erzeugt also KRAFT die BEWEGUNG?
    Wie gerade erwähnt, befindet sich alles uns Bekannte in Bewegung. So betrachtet kann nur etwas BEWEGUNG erzeugen,

das selbst in Bewegung ist. Oder anders gesagt:

Nur BEWEGUNG erzeugt weitere Bewegungen.

Das was wir als KRAFT bezeichnen, ist so gesehen identisch mit BEWEGUNG. Nur BEWEGUNG bewirkt etwas.
Das griechische Wort ENERGIE bedeutet übersetzt:" Das Wirkende". Nimmt man die wörtliche Übersetzung als Maßstab, dann wäre auch ENERGIE von der Bedeutung her identisch mit BEWEGUNG.
Heutzutage bezeichnen wir jedoch mit dem Wort ENERGIE in erster Linie Stoffe, die BEWEGUNG erzeugen sollen, sogenannte Kraftstoffe.

Wenn wir davon ausgehen, dass nur BEWEGUNG weitere BEWEGUNG erzeugen kann, dann müssen sich die Moleküle der Kraftstoffe ebenfalls in Bewegung befinden. Allerdings befinden sich diese Moleküle auf einem derart niedrigen Niveau von Bewegungsintensität, dass man sie eher mit RUHEN beschreiben möchte. Erst bei einer adäquaten chemischen Reaktion dieser Moleküle steigt deren Bewegungsintensität dermaßen stark an, dass man sie als in Bewegung befindlich erkennt.

Nun stellt sich jedem natürlich die Frage, wann, wie und wo BEWEGUNG eigentlich angefangen hat, zu existieren? Antworten darauf können selbstverständlich nur rein spekulativ ausfallen.
Gehen wir aber einmal davon aus, dass alles, was uns bekannt ist, einen gemeinsamen Anfang hat und nennen wir diesen Anfang wie bisher üblich UR-KNALL. Wenn also alles uns Bekannte mit dem UR-KNALL anfing, begann dabei natürlich

auch eine Art UR-BEWEGUNG.
Aus dieser hätten sich dann, durch Fortpflanzung der ursprünglichen Bewegungsinformation, alle uns heute bekannten Varianten von BEWEGUNG in unterschiedlichsten Formen (Transformationen) entwickeln können.
Da diese unterschiedlichen Formen der Bewegung vielfältig ineinander verschachtelt auftreten können, ist eine genauere Differenzierung oft sicherlich kaum möglich.

Als Fazit dieser Überlegungen könnte man behaupten, die UR-BEWEGUNG ist der UR-AHNE jeder existierenden BEWEGUNG.

Von Bedeutung wäre diese Erkenntnis besonders für Diejenigen, die auf der Suche nach einer alle Kräfte verbindenden KRAFT (BEWEGUNG) sind.
In der Wissenschaft hat man KRAFT in vier Kategorien eingeteilt:

1) Gravitationskraft
2) Elektromagnetische Kraft
3) Schwache Kernkraft
4) Starke Kernkraft

Und nun sucht man in der Wissenschaft nach einer, diese Kräfte (Bewegungen) verbindenden Kraft (Bewegung). Hierfür käme gemäß unserer Überlegungen ausschließlich die mit dem UR-KNALL einher gegangene UR-BEWEGUNG in Frage.

Da aber die UR-BEWEGUNG, als UR-AHNE jeder aktuellen Bewegung nicht mehr in ihrer ursprünglichen Form existieren dürfte, ist die Suche danach nicht gerade erfolgversprechend.

Die irrtümliche Annahme von STILLSTAND findet sich ebenfalls in einer anderen These Zenons.
Er behauptete, wenn BEWEGUNG existiert, könne ein schnell laufender Mensch eine Schildkröte, die wenige Meter Vorsprung hat, weder einholen noch überholen. Seine Begründung war folgende:
Wenn Läufer und Schildkröte gleichzeitig starten und sich somit von ihrem jeweiligen Standort fortbewegen, muss der Läufer, bevor er die Schildkröte einholen kann, zunächst den Punkt erreichen, an dem sich die vor ihm laufende Schildkröte zuvor aufgehalten hat.
Wenn der Läufer diesen Punkt erreicht, befindet sich die Schildkröte immer noch ein Stück weiter vor ihm. Laufen Beide weiter, so muss der Läufer erneut zunächst die Stelle erreichen, an dem sich die Schildkröte vor dem Weiterlaufen aufgehalten hat. Erreicht der Läufer diese Stelle, dann ist die Schildkröte allerdings schon wieder ein Stück weitergelaufen.
   Laufen Beide weiter, dann wiederholt sich dieser Ablauf, nach Zenons Vorstellung, stetig. Der Läufer kann also scheinbar die Schildkröte weder einholen noch überholen.
Im praktischen Geschehen zeigte sich jedoch, dass ein Läufer eine Schildkröte problemlos einholen und überholen konnte. Das schien ein Paradoxon zu sein, war es aber nicht.

Zenon ging bei seinen Überlegungen von STAND-ORTEN aus. Da aber Objekte und Räume auf unserer Erde keinem STILLSTAND unterliegen, ist die Annahme starrer STAND-ORTE einfach nicht zutreffend.
   Außerdem ging Zenon davon aus, dass der Läufer alle

Erdpunkte berühren müsse, welche die Schildkröte zuvor berührt hatte.
Diese Vorstellung des Rennverlaufs ist zweidimensional und unrealistisch. Der Läufer kann entweder neben der Spur, der vor ihm laufenden Schildkröte, laufen oder er kann ganz einfach über die Erdpunkte springen, welche die Schildkröte berührt hat.

Vom künstlich entworfenen Aspekt des STILLSTANDS lassen sich viele Menschen immer wieder täuschen. So auch bei unserer Vorstellung von ZEIT. Zeit-Punkte sind von uns künstlich entworfene STILLSTÄNDE.

Man geht einfach davon aus, dass die Aneinanderreihung von Zeit-Punkten (STILLSTÄNDEN) die Ganzheit dessen ergibt, die wir als ZEIT bezeichnen. Diese Logik ist genauso weltfremd wie Zenons Logik, bezogen auf seine Paradoxien.

Ebenso verhält es sich mit dem Teil der ZEIT, den wir als GEGENWART bezeichnen. Man betrachtet GEGENWART als etwas punktuelles, dass sich in der Mitte zwischen Vergangenheit und Zukunft befindet.
Wie stellt sich uns GEGENWART aber im realen Leben immer wieder dar? Was passiert in der GEGENWART?
Unter Anderem findet folgendes in der GEGENWART statt:
- Wir fühlen
- Wir erinnern uns
- Wir stellen uns etwas vor
- Wir handeln
- Wir reden usw., usw...

Die GEGENWART zeigt sich uns also in Form von VORGÄNGEN und nicht in Form von STILLSTÄNDEN. Diese Vorgänge zeigen sich uns in Form von VERÄNDERUNGEN, die mit den vielfältig existierenden Varianten von BEWEGUNG einhergehen.

Wir nehmen die VERÄNDERUNGEN wahr, indem wir in der Gegenwart erkennen, dass etwas im Vergleich zur aktuellen Wahrnehmung anders gewesen ist. Wir bezeichnen dieses Andersgewesen-Sein als etwas Vergangenes und geben ihm deshalb den Namen VERGANGENHEIT.

Die Erinnerung ermöglicht uns aber nicht nur, den Begriff VERGANGENHEIT zu bilden. Auf Grund der Erinnerung daran, dass das Gegenwärtige sich immer wieder weiter verändert und so für uns zur Vergangenheit wird, wissen wir, dass die aktuell erlebte GEGENWART nicht so bleibt wie sie ist. Diese Vorstellung vom Weiterverändern des Gegenwärtigen lässt in uns den Begriff ZUKUNFT entstehen.

GEGENWART ist so gesehen die Bezeichnung für das "Individuelle Erleben von Veränderungen".
Dieses individuelle Erleben von Veränderungen findet nämlich ausschließlich in der GEGENWART statt. Demzufolge ist nur die GEGENWART real. Vergangenheit und Zukunft existieren nur in unserer Vorstellung.
VERGANGENHEIT beziehen wir auf das, was mal GEGEN-WART war.
ZUKUNFT ist die Bezeichnung für das, was in unseren Vorstellungen zur GEGENWART werden wird.

ZEIT ist so betrachtet ein von uns Menschen ausgedachter, übergeordneter Begriff, der unsere Einteilung in GEGENWART, VERGANGENHEIT und ZUKUNFT miteinander verbinden soll.

ZEIT existiert demnach auschließlich Individuum-gebunden. Ohne ein Individuum, das eine Wahrnehmung von Veränderungen erlebt, existiert auch keine Einteilung in GEGENWART, VERGANGENHEIT und ZUKUNFT. Es gibt nur ein sich permanentes Weiterverändern des Universums.
So betrachtet ist ZEIT kein eigenständig existierendes Element des Universums.

Davon ausgehend, dass ZEIT nicht eigenständig existiert, kommt man schnell zu folgender Schlussfolgerung:
UHREN (Zeitmess-Instrumente) sollen ein Maßstab für etwas sein, das es gar nicht gibt.
Demzufolge sind UHREN lediglich TAKTGEBER, ähnlich denen, die in der Musik Anwendung finden. Der Abstand von einem Uhren-Takt zum Nächsten ist gleich; bei den handelsüblichen Uhren der Abstand, der als Sekunde bezeichnet wird. Man kann anhand der Zahlen-Skala auf den Uhren die Anzahl der Takte ablesen bzw. ableiten.
Schaue ich beispielsweise um Zwölf Uhr auf die Anzeige und das nächste Mal erst um viertel nach Zwölf, dann weiß ich, dass die Uhr inzwischen fünfzehn Mal sechzig Sekundentakte erzeugt hat.

Bedient man sich einer UHR, dann setzt man lediglich die Anzahl der Uhrentakte in Relation zu anderen Vorgängen (Veränderungen).

In der klassischen Physik betrachtete man den Menschen lange als ein Geschlossenes System. Heutzutage geht man davon aus, dass der Mensch ein Offenes System sei. Geschlossen wie auch Offen sind Zustandsbegriffe.

Der Mensch ist aber weder nur geschlossen noch ist er nur offen wie ein Sieb.
Der Mensch ist ein Bewegliches System, das sich der Umwelt öffnen und sich ihr gegenüber auch abgrenzend schließen kann (z.B. um schädliche äußere Einflüsse abwehren zu können).

Anstatt zu behaupten, ein Mensch sei in einem ZUSTAND, erscheint es so gesehen sinnvoller, davon auszugehen, dass er sich auf einer Entwicklungsstufe befindet.
Auf diese Weise kann er sich nicht nur von einer Entwicklungsstufe zu den angrenzenden Anderen bewegen, sondern auch auf derjenigen, auf der er sich gerade befindet.

Weswegen man in der Quantenphysik von sich überlagernden Zuständen spricht, hat einen einfachen Grund:
Es gibt ganz einfach KEINE ZUSTÄNDE, sondern nur sich stetig in BEWEGUNG befindliche Elemente des Universums.

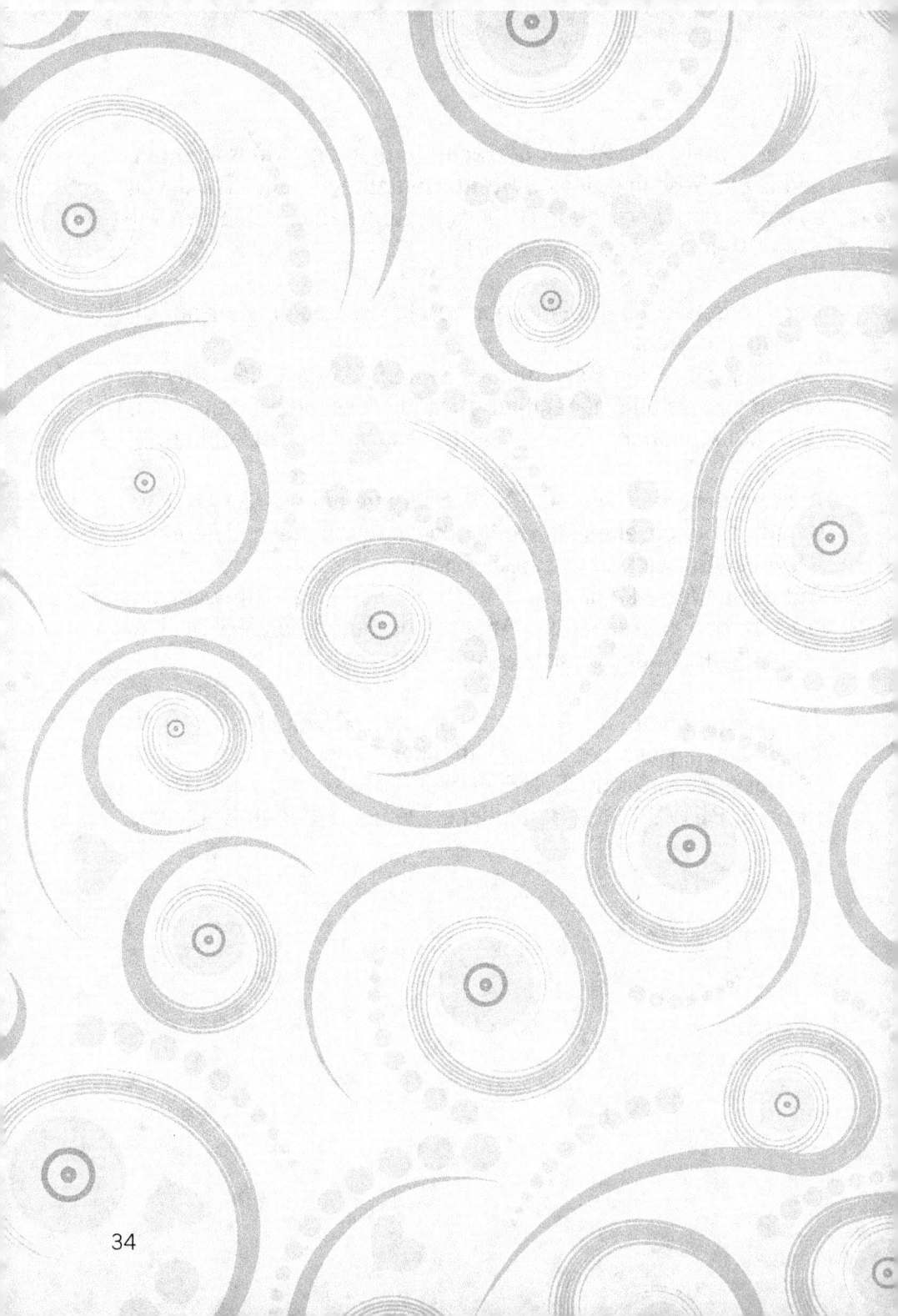

Meine Gedanken zu "GEGENSÄTZE !?"

Betrachtet man gegensätzliche Sachverhalte, dann geht man auf den ersten, zumeist zweidimensionalen Blick davon aus, dass sich die Gegensätze weitestmöglich voneinander entfernt befinden.
Geht man allerdings davon aus, dass sich alles im Universum in stetiger Bewegung befindet und betrachtet man die gegensätzlichen Sachverhalte intensiver, dann nähern sich häufig die Gegensätze situationsabhängig einander an oder liegen sogar direkt nebeneinander.
Dies soll mein Werk "GEGENSÄTZE !?" symbolisch darstellen.

Meine Gedanken zu "IDENTITÄT !?"

Mit mathematischen Formeln und Gleichungen versucht man alle möglichen Vorgänge unseres Universums zu erklären bzw. zu berechnen. Alle diese Gleichungen haben allerdings eine Schwäche:
Sie sagen lediglich etwas über GLEICHHEITEN aus, aber nichts über IDENTITÄTEN.

Im realen Leben zeigen uns beispielsweise eineiige Zwillinge den Unterschied zwischen GLEICH und IDENTISCH.
"Die gleichen sich ja wie ein Ei dem Anderen". Die Zwillinge sind einfach nur zum verwechseln ählich und das ist genau der Sachverhalt, den das Wort GLEICH bezeichnet. Sie sind zwar zum verwechseln ähnlich, aber jeder Zwilling für sich hat seine eigene IDENTITÄT.

Es sind allerdings nicht nur einzelne Objekte, sondern auch Vorgänge, die man für identisch halten kann, obwohl sie sich lediglich gleichen:
Ist beispielsweise auf einer drehbaren Scheibe eine leuchtende Glühbirne installiert und dreht man diese Scheibe in einem völlig verdunkelten Raum, dann sieht man eine sich kreisförmig in Bewegung befindliche Glühbirne.
Werden später auf dieser Scheibe viele Glühbirnen kreisförmig installiert und leuchten diese Birnen nacheinander in einer bestimmten schnellen Geschwindigkeit kurz auf, wobei die Scheibe nicht bewegt wird, dann hat man erneut den Eindruck, dass sich im dunklen Raum eine einzige Glühbirne kreisförmig in Bewegung befindet. Beide Vorgänge erscheinen identisch,

obwohl unsere Wahrnehmung bei beiden Vorgängen lediglich gleich ist.
Es kommt also nicht selten vor, dass wir Objekte und Vorgänge fälschlicherweise für identisch halten, obwohl lediglich eine Gleichheit besteht.

Man kann sich in Bezug auf die IDENTITÄT auch anderweitig täuschen. Insbesondere wenn versucht wird, kleinstmögliche Differenzierungen zu machen, besteht die Gefahr, dass man identische Sachverhalte für nicht identisch hält (siehe dazu - BEWEGUNG, KRAFT, ENERGIE - Kapitel: Meine Gedanken zu "STILLSTAND !?").

Wie schon eingangs erwähnt, wird in der mathematischen Sprache nur etwas über GLEICHHEIT und nichts über IDENTITÄT ausgesagt. Betrachten wir einmal eine einfache mathematische Gleichung:

$$4 + 4 = 8$$

Diese Gleichung besagt, dass die Summe der Elemente 4 und 4 dem Element 8 gleicht, aber nicht mit ihm identisch ist.
Man könnte nun auf die Idee kommen, dass bei der Gleichung 8 = 8 die eine Acht identisch mit der anderen Acht sei. Dummerweise wissen wir aber nicht aus welchen Elementen die Acht vor und die Acht hinter dem Gleichheitszeichen besteht.
Besteht die eine Acht aus den Elementen 3 und 5 und die Andere aus den Elementen 2 und 6, dann sind beide Achten auf keinen Fall identisch.
Verwirrender Weise könnte man ja die einzelnen Elemente der

jeweiligen Acht unaufhörlich in kleinere und noch kleinere Unter-Elemente auf splitten und würde dennoch nie zu einer Aussage über eine IDENTITÄT gelangen.

Nehmen wir uns doch ganz einfach die längst bekannte Weißheit zu Herzen:
   "Das Ganze ist immer mehr als die Summe seiner Einzelelemente".

Eine banale mathematische Gleichung kann uns aber noch etwas Anderes verdeutlichen:

$$8 = X$$

Hier zeigt sich uns die Problematik des Ableitens von einem vorhandenen Ergebnis. Wir haben das Ergebnis 8 und können sagen...

$$8 = 4 \times 2$$

$$8 = 24 - 16$$

$$8 = 32/4 \text{ usw., usw. ...}$$

Ähnlich ist es in der Forschung. Beim ableitenden Forschen kennt man nur relativ wenige Indizien des Entstehungsweges. Diese Indizien sind eigentlich nichts mehr als einzelne Puzzle-Teile eines riesigen Gesamt-Puzzles.
Die immensen Lücken zwischen den Puzzle-Teilen werden von jedem Forscher spekulativ, gemäß seines jeweiligen theoretischen Hintergrundes gefüllt, wodurch ein Gesamt-Puzzle

entsteht, das in sich schlüssig klingt.

Identische Indizien (Puzzle-Teile) können nun aber bei diversen Forschern zu unterschiedlichen Gesamt-Puzzles zusammengefügt werden, welche verblüffender Weise allesamt in sich schlüssig sind und gelegentlich sogar eine völlig entgegengesetzte Aussage machen.
Von einem Ergebnis auszugehen und den Weg dorthin zu erforschen, beinhaltet so betrachtet immer ein Maß an wohlwollender Spekulation.
Niemand kann glaubhaft behaupten, er wäre in der Lage, die einzig objektive Realität ableitend erforschen zu können.

Für jeden Menschen ist es lebensnotwendig, sich von der Außenwelt unterscheiden und somit auch abgrenzen zu können. Bei diesem Prozess unterteilt man die Welt zunächst in die eigene IDENTITÄT und den übrigen Rest. So kommt es zur Unterteilung in Subjekt und Objekt.

Man ist sich seiner eigenen IDENTITÄT bewusst, wobei man davon überzeugt ist, man bleibe sein Leben lang der SELBE MENSCH, obwohl man sich körperlich wie auch geistig stetig verändert.

Ebenfalls überlebensnotwendig ist es, die IDENTITÄTEN der vielfältigen Außenwelt-Objekte unterscheiden zu können.
Wir müssen unterscheiden können, welche Menschen uns wohlgesonnen sind und welche nicht. Wir müssen essbare von nicht essbaren Pflanzen unterscheiden können usw., usw. ... .

Häufig ist es für uns ausreichend, eine Gleichheit festzustellen, doch in einigen Fällen ist es für uns wichtig, das Selbe Objekt bestimmen zu können. Dann suchen wir nach einzigartigen Wiedererkennungsmerkmalen, die es uns ermöglichen, das Selbe Objekt von Anderen zu unterscheiden.

All dies spricht dafür, dass sich IDENTITÄT auf das jeweils Einzigartige bezieht und nicht, wie häufig angenommen, auf etwas Unveränderbares.

Meine Gedanken zu "LABYRINTH OHNE AUSWEG !?"

Viele gesunde Menschen glauben ein Problem zu haben, für das es keine Lösung gibt. Bildlich gesprochen, fühlen sich diese Menschen gefangen wie in einem Labyrinth ohne Ausweg.

Der Ausweg bzw. die Lösung des Problems wird aber häufig nur deshalb nicht erkannt, weil die Betroffenen von falschen Voraussetzungen ausgehen oder weil sie eingeschränkt (z.B. zweidimensional) denken.

"LABYRINTH OHNE AUSWEG !?" täuscht den jeweiligen Betrachter zunächst mit irreführenden Informationen anhand eines zweidimensionalen Spiegelbildes.
Dadurch, dass der Blick auf das Labyrinth anfangs nur über den Spiegel möglich ist, entsteht der Eindruck sehr hoher Labyrinth-Mauern ohne einen Ausgang.
Wird später der Blickschutz-Vorhang herunter gelassen, dann ermöglicht dies einen dreidimensionalen Blick auf den Irrgarten.

Nun zeigt sich, dass der Ausweg aus dem Labyrinth in der dritten Dimension zu finden ist, denn als gesunder durchschnittlich großer Mensch gelangt man aus dem Irrgarten, indem man einfach über die niedrigen Labyrinth-Mauern hinaus steigt.

Meine Gedanken zu "DEFINITION !?"

Will man von einem Ruderboot aus ans Ufer springen, dann ist das eine wackelige Angelegenheit, denn das Ruderboot als Absprungbasis ist kein festes Fundament.
Von einem festen Fundament aus, ist ein Absprung hingegen leichter und präziser zu bewerkstelligen. Diese Überlegung hat einige Menschen offensichtlich zu folgender Schlussfolgerung veranlasst:

Nicht nur für einen erfolgreichen Absprung mit den Beinen benötigt man ein festes Fundament, sondern auch für das Erstellen von präzisen Gedankensprüngen. Genau dies ist das gängige Prinzip einer Definition.
Wenn etwas definiert wird, dann handelt es sich bei der jeweiligen Definition um eine starre Festlegung. Die Definition soll als solide Basis für weiterführende Gedankengänge bzw. -sprünge dienen.
Dummerweise ist der Radius für Gedankensprünge, von einem starren Fundament aus, stark begrenzt.

Mein Kunstwerk "DEFINITION !?" soll diese Problematik veranschaulichen.
    Von den Felsen aus kann man einfach und präzise auf den Betonsockel springen sowie auch vom Betonsockel auf die Felsen, aber halt nicht weiter.
Nutzt man hingegen eine mobile Absprungbasis, wie z.B. ein stabiles Fährschiff, dann hat man nicht nur ein relativ solides Absprungfundament, sondern auch einen riesengroßen Radius. Mit dem Fährschiff gelangt man über den Fluss ins Meer und

kann an unzählbar vielen Stellen ans Festland springen oder schreiten.

Diese Problematik lässt sich symbolisch auch auf Definitionen übertragen.
Mit "DEFINITION !?" möchte ich dazu anregen, jede Definition lediglich als bewegliche Basis für weitere Gedankengänge zu nutzen und darin nicht, wie bisher üblich, einen unumstößlichen **STANDPUNKT** zu vermuten.

Meine Gedanken zu "SOZIALER GLOBUS !?"

Leider ist auf unserem Erdglobus noch immer die soziale Kälte vorherrschend. Beispielhaft hierfür findet man bei meinem Werk "SOZIALER GLOBUS !?" das lebensnotwendige Trinkwasser in Form gefrorener Eiswürfel vor. Symbolisch ausgedrückt, bedeutet dies:

Wäre es möglich, die soziale Kälte zu überwinden, dann brächte das die Eiswürfel zum Schmelzen.
Das aufgetaute Wasser der Eiswürfel könnte sich im Auffanghohlraum vermischen, so dass das verschmutzte Wasser durch das saubere Wasser sehr stark verdünnt werden würde. Als Ergebnis hätte das gesamte aufgetaute Wasser Trinkwasserqualität, oder anders ausgedrückt; es gäbe ausreichend Trinkwasser für Alle.
Selbstverständlich ist mir klar, dass es mengenmäßig viel mehr verschmutztes als sauberes Trinkwasser auf der Erde gibt.
Der Große Eiswürfel aus sauberem Trinkwasser symbolisiert deshalb auch die technischen Möglichkeiten der Wasseraufbereitung, die es in den Reichen Ländern gibt und in den Armen Staaten, aus finanziellen Gründen, leider nicht.
Außerdem führt die wirtschaftliche Globalisierung vermehrt dazu, dass das Trinkwasser in Billiglohn-Ländern mit enormen Mengen hierzulande längst verbotener Pestizide, sowie mit riesigen Mengen giftiger Bleich- und Färbemittel für Textilien, verschmutzt wird.

Ein Sozialer Globus sieht anders aus !?

Meine Gedanken zu "WELLE / TEILCHEN !?"

In der Naturwissenschaft geht man vom Welle-Teilchen-Dualismus des Lichts aus. Das heißt, das Licht besitzt situationsabhängig entweder einen Wellen- oder Teilchencharakter.

Mein Werk "WELLE / TEILCHEN !?" soll zur Überlegung anregen, ob ausgerechnet das im gesamten Universum vorfindbare LICHT auf zwei Formcharaktere beschränkt ist?

Die gleichmäßig auseinander gezogene Spirale meines Werkes erweckt den zweidimensionalen Eindruck eines wellenförmig angeordneten Drahtes (WELLE).
Beide aus der Halterung hervor schauenden Enden der Metallspirale hinterlassen bei Druckkontakt mit einem weicheren Objekt einen punktuellen Abdruck, ähnlich wie ein beschleunigtes TEILCHEN.

Man könnte nun sicherlich mit den passenden Argumenten viele Menschen davon überzeugen, dass das LICHT einen spiralförmigen Charakter besitzt. Schließlich ließen sich der Wellen- und Teilchen-Charakter mittels der Spiralformtheorie miteinander verbinden.
Außerdem ließe sich die hohe Geschwindigkeit des Lichts mit der Spiralformtheorie erklären. Geht man nämlich von einer trichterförmigen Spirale aus, dann könnte das LICHT, ähnlich wie bei einem Wasserstrudel, zum engen Ende hin enorm an Geschwindigkeit zunehmen.
Hat also das LICHT einen trichterförmigen Spiralformcharakter? Viel wahrscheinlicher ist es wohl, dass wir Menschen mit

unseren eingeschränkten Fähigkeiten gar nicht dazu in der Lage sind, alle Formcharaktere des Lichts zu erforschen.

     Vergleichen möchte ich dies mit der Situation von fiktiven See-Bewohnern, die nicht dazu in der Lage sind, das warme Wasser ihres Lebensraums zu verlassen.

Weil sie ihren warmtemperierten See nicht verlassen können, kennen sie WASSER nur in der Form, wie es sie umgibt.
Eine Einteilung des Wassers in flüssig, gasförmig und fest ist für sie somit unmöglich. Schnee, verdunstetes Wasser, Eis etc. sind den Bewohnern des Sees genauso wenig bekannt, wie der Unterschied von Salz- und Süßwasser.

     Ähnlich wie den fiktiven See-Bewohnern bezüglich des Wassers, geht es uns Menschen bezogen auf LICHT. Selbst bei nächtlicher Dunkelheit sind wir umgeben von LICHT (siehe Restlichtverstärkung - Nachtsichtgerät) und wir haben LICHT auch in Form von körpereigenen Biophotonen in uns.

Meine Gedanken zu "BLICKPUNKTE !?"

Was ist ein PUNKT? Bei einem Punkt denkt man zunächst an etwas sehr Kleines, ähnlich dem Punkt, der diesen Satz abschließt.
Umgangsprachlich findet man den Begriff PUNKT aber auch in diversen anderen Zusammenhängen.

"Sei morgen pünktlich um acht Uhr wieder hier", ist in meiner Heimat als stark eingrenzende Vorgabe gedacht. Pünktlich bedeutet dabei: Genau um acht Uhr bzw. kurz davor. Es gibt aber auch andere Vorstellungen von PÜNKTLICHKEIT.
Pünktlich um acht Uhr ist in einigen Kulturkreisen eine mehr oder weniger große Spanne um acht Uhr herum. Da dies dort so üblich ist, regt sich auch niemand über eine, aus unserer Sicht stattfindende Verspätung auf.
  Problematisch wird es privat oder auch beruflich erst dann, wenn gänzlich unterschiedliche Vorstellungen von Pünktlichkeit aufeinander treffen.

Beim Sport werden ebenfalls Punkte genutzt. Im Wettkampfbereich vergibt und zählt man zum Beispiel Punkte, um eine Reihenfolge der beteiligten Athleten oder Mannschaften ermitteln zu können. In der daraus resultierenden Tabelle erscheinen die Punkte jedoch gar nicht mehr in Form einzelner Punkte.
Wenn beim Fußball eine Mannschaft einen Punkt für ein erlangtes Remis zugesprochen bekommt, dann steht in der Tabelle statt eines Punktes die Zahl 1. Anstatt dreier Punkte für einen Sieg findet man in der Tabelle die Zahl 3 usw.... .

Die Bedeutung des Begriffs PUNKT hängt also immer vom Zusammenhang und dem jeweiligen dies beurteilenden Menschen ab.
Genau diese unterschiedliche Bewertung von Begrifflichkeiten allgemein soll "BLICKPUNKTE !?" plastisch, bildlich darstellen.

Auch die Größe eines Satz beendenden Punktes ist unterschiedlich. Es ist halt ein Unterschied, ob ich einen Satz auf ein DIN A5 Blatt schreibe oder ob ich ein riesiges Werbeplakat beschrifte.
Auf dem Werbeplakat ist der den Satz beendende Punkt verständlicherweise wesentlich größer als auf dem beschrifteten DIN A5 Blatt.

Solch ein Punkt beendet aber nicht nur einen Satz, ein Kapitel bzw. ein ganzes Buch. Er ermöglicht auch den Beginn eines ganz und gar neuen Satzes, Kapitels oder Buches (PUNKT)

Kontakt über

www.m-o-a.jimdo.com

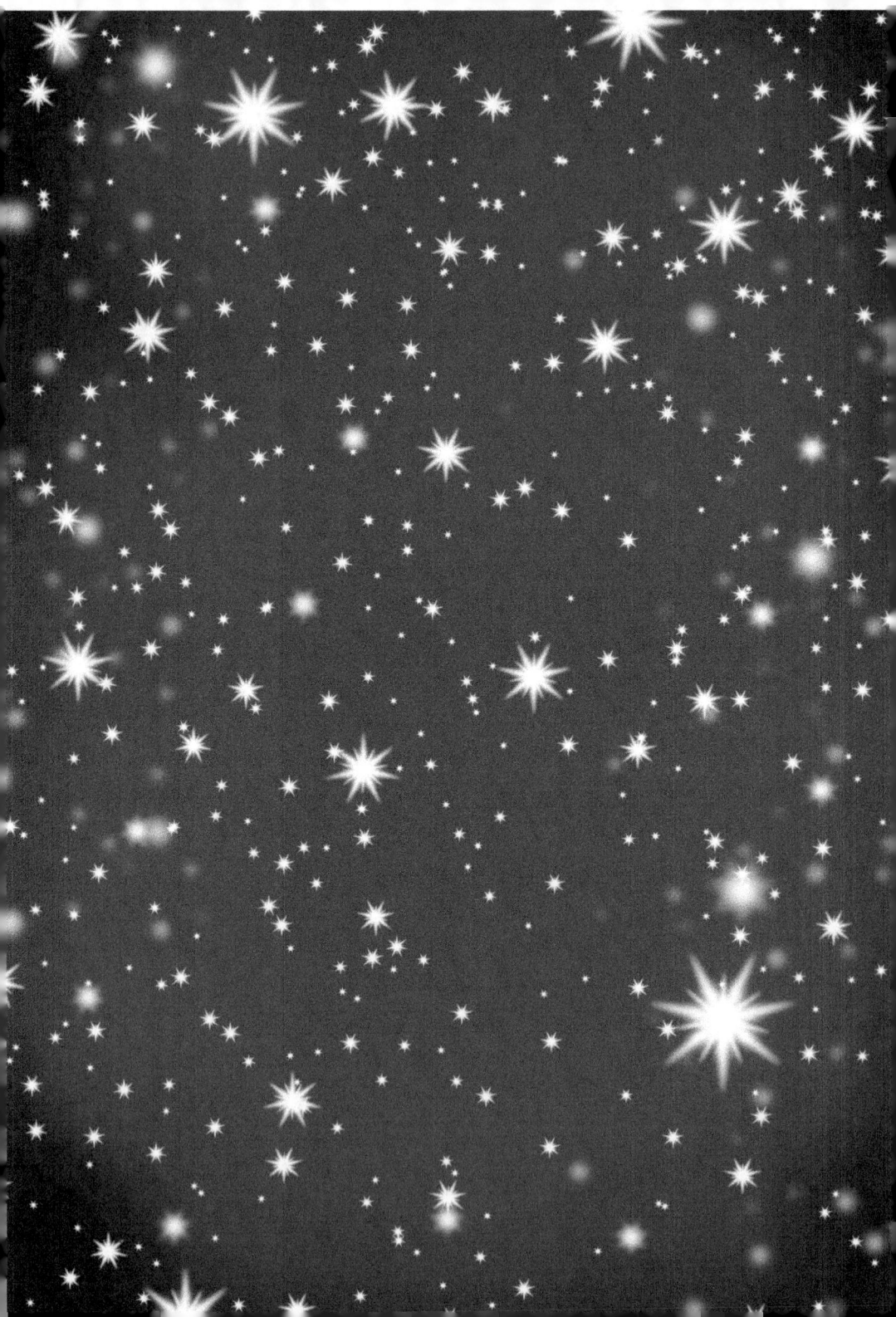

www.ingramcontent.com/pod-product-compliance
Lightning Source LLC
Chambersburg PA
CBHW050023230526
45470CB00003B/1098